DER MOND
Ein kleines Welttheater

Geschrieben und komponiert
von Carl Orff

nach einem Märchen
der Brüder Grimm

mit Bildern
von Annegert Fuchshuber

Mainz · London · Madrid · New York · Paris · Prag · Tokyo · Toronto

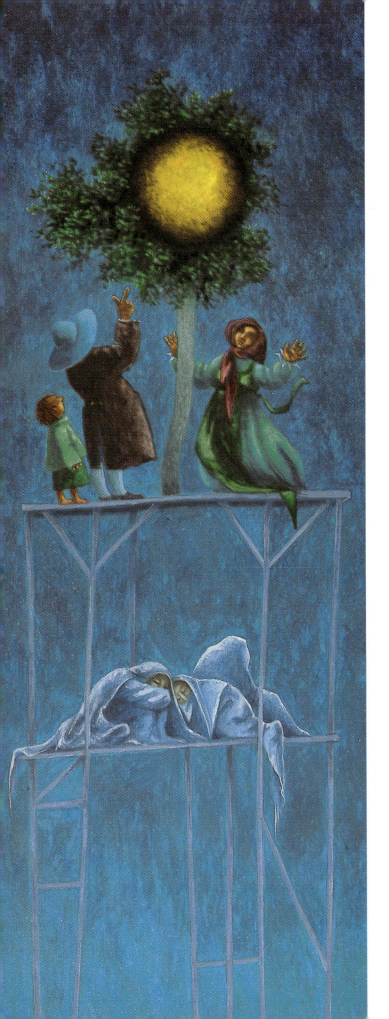

Der Mond
Ein Märchen der Brüder Grimm

Vorzeiten gab es ein Land, wo die Nacht immer dunkel und der Himmel wie ein schwarzes Tuch darüber gebreitet war, denn es ging dort niemals der Mond auf und kein Stern blinkte in der Finsternis. Bei Erschaffung der Welt hatte das nächtliche Licht nicht ausgereicht.

Aus diesem Land gingen einmal vier Burschen auf die Wanderschaft und gelangten in ein anderes Reich, wo abends, wenn die Sonne hinter den Bergen verschwunden war, auf einem Eichbaum eine leuchtende Kugel stand, die weit und breit ein sanftes Licht ausgoss. Man konnte dabei alles wohl sehen und unterscheiden, wenn es auch nicht so glänzend wie die Sonne war. Die Wanderer standen still und fragten einen Bauern, der da mit seinem Wagen vorbeifuhr, was das für ein Licht sei. „Das ist der Mond", antwortete dieser, „unser Schultheiß hat ihn für drei Taler gekauft und an den Eichbaum befestigt. Er muss täglich Öl aufgießen und ihn rein erhalten, damit er immer hell brennt. Dafür erhält er von uns wöchentlich einen Taler."

Als der Bauer weggefahren war, sagte der eine von ihnen: „Diese Lampe könnten wir brauchen, wir haben daheim einen Eichbaum, der ebenso groß ist, daran können wir sie hängen. Was für eine Freude, wenn wir nachts nicht in der Finsternis herumtappen!" – „Wisst ihr was?", sprach der Zweite, „wir wollen Wagen und Pferde holen und den Mond wegführen. Sie können sich hier einen andern kaufen." – „Ich kann gut klettern", sprach der Dritte, „ich will ihn schon herunterholen." Der Vierte brachte einen Wagen mit Pferden herbei und der Dritte stieg den Baum hinauf, bohrte ein Loch in den Mond, zog ein Seil hindurch und ließ ihn herab. Als die glänzende Kugel auf dem Wagen lag, deckten sie ein Tuch darüber, damit niemand den Raub bemerken sollte.

Sie brachten ihn glücklich in ihr Land und stellten ihn auf eine hohe Eiche. Alte und Junge freuten sich, als die neue Lampe ihr Licht über alle Felder leuchten ließ und Stuben und Kammern damit erfüllte. Die vier versorgten den Mond mit Öl, putzten den Docht und erhielten wöchentlich ihren Taler.

Aber sie wurden alte Greise und als der eine erkrankte und seinen Tod voraussah, verordnete er, dass der vierte Teil des Mondes als sein Eigentum ihm mit in das Grab sollte gegeben werden. Als er gestorben war, stieg der Schultheiß auf den Baum und schnitt mit der Heckenschere ein Viertel ab, das in den Sarg gelegt ward. Das Licht des Mondes nahm ab, aber noch nicht merklich. Als der Zweite starb, ward ihm das zweite Viertel mitgegeben und das Licht minderte sich. Noch schwächer ward es nach dem Tode des Dritten, der gleichfalls seinen Teil mitnahm, und als der Vierte ins Grab kam, trat die alte Finsternis wieder ein. Wenn die Leute abends ohne Laterne ausgingen, stießen sie mit den Köpfen zusammen.

Als aber die Teile des Mondes in der Unterwelt sich wieder vereinigten, so wurden dort, wo immer Dunkelheit geherrscht hatte, die Toten unruhig und erwachten aus ihrem Schlaf. Sie erstaunten, als sie wieder sehen konnten. Das Mondlicht war ihnen genug, denn ihre Augen waren so schwach geworden, dass sie den Glanz der Sonne nicht ertragen hätten.

Sie erhoben sich, wurden lustig und nahmen ihre alte Lebensweise wieder an. Ein Teil ging zu Spiel und Tanz, andere liefen in die Wirtshäuser, wo sie Wein forderten, sich betranken, tobten und zankten und endlich ihre Knüppel aufhoben und sich prügelten.

Der Lärm ward immer ärger und drang schließlich bis in den Himmel hinauf. Der heilige Petrus, der das Himmelstor bewacht, glaubte, die Unterwelt wäre in Aufruhr geraten und so setzte er sich auf sein Pferd und ritt durch das Himmelstor hinab in die Unterwelt. Da brachte er die Toten zur Ruhe, hieß sie sich wieder in ihre Gräber legen und nahm den Mond mit fort, den er oben am Himmel aufhing.

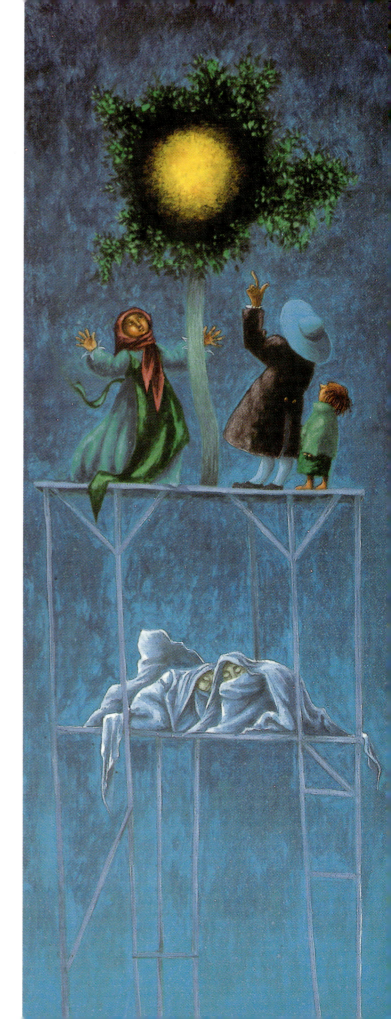

„Der Mond" – ein Märchen mit Musik

Carl Orff hat das Märchen vom gestohlenen Mond in Musik gesetzt.

Aus der Kindheit des Komponisten

Vor mehr als 100 Jahren – 1895 – wird Carl Orff in München geboren. Sein Elternhaus ist umgeben und erfüllt von Musik. Jeden Abend hört er Volksmusik aus den Wirtshausgärten der Straße. Aus den benachbarten Kasernen tönt Regimentsmusik. Seine Eltern spielen täglich vierhändig Klavier und an den Wochenenden Kammermusik. Schon im Alter von fünf Jahren beginnt Carl Orff mit dem Instrumentalunterricht. Er lernt Klavier, Violoncello und Orgel spielen. Dabei geht es ihm allerdings oft weniger ums Üben als ums Phantasieren und Improvisieren auf dem Instrument. Besonders liebt er die abendlichen Spaziergänge durch Alt-München mit seinem Großvater. Der erzählt dem kleinen Carl unermüdlich Geschichten und Sagen – vielleicht auch das Märchen vom Mond … Die Schule ist Orff nicht so wichtig, denn die Musik spielt in seinem Leben eine immer größere Rolle. Als er 17 Jahre alt ist, geht er auf die Münchner Akademie für Tonkunst.

Das Orff-Instrumentarium und das Orff-Schulwerk

Später lernt Orff die Tanzlehrerin Dorothee Günther kennen. Mit ihr gründet er in seiner Heimatstadt eine Schule für Musik und Tanz. Orff ist es wichtig, dass Kinder Rhythmus, Bewegung und Musik zusammen erleben. In der „Günther-Schule" entwickelt er – angeregt durch einfache Musikinstrumente der Naturvölker – ganz besondere Rhythmus- und Schlaginstrumente, z.B. Xylofone, Glockenspiele, Triangel, Tamburine usw. Man nennt sie nach ihrem Erfinder auch „Orff-Instrumente". Schließlich verfasst er ein „Schulwerk" – eine Sammlung von Stücken, mit denen Kinder spielerisch an Musik herangeführt werden. In diesen Stücken verwendet Orff auch seine Instrumente. Das Orff-Schulwerk findet auf der ganzen Welt Verbreitung und wird in fast 20 Sprachen übersetzt. In der musikalischen Früherziehung musizieren noch heute viele Kinder auf dem Orff-Instrumentarium.

„Der Mond" und mehr …

Orff ist bereits 42 Jahre alt, als er den „Mond" komponiert. Den Stoff für sein Bühnenstück entdeckt er in der Sammlung „Kinder- und Hausmärchen" der Brüder Grimm. Ihn fasziniert die Magie des Mondes und das geheimnisvolle Totenreich. Orff erinnert sich: „Einer meiner ersten Jugendeindrücke war ein Mondaufgang, beobachtet vom Münchner Dachgarten meiner Großeltern aus." Er nennt sein Werk auch „Ein kleines Welttheater". Drei Schauplätze gibt es: die Erde, den Himmel und die Unterwelt. Und wer spielt mit? Der Erzähler, vier Burschen, zwei Bürgermeister, ein Wirt, Bauern, eine Menge Volk – und Petrus. Er ist der „himmlische Nachtwächter", der zu guter Letzt dafür sorgt, dass die Toten wieder friedlich einschlafen und der Mond seinen Platz am Himmel bekommt. Neben den singenden und sprechenden Hauptpersonen wirken auch noch ein gemischter Chor und ein Kinderchor mit. Als zu Beginn des Märchens der Mond gestohlen wird, herrscht große Aufregung:

Orffs Musik ist sehr temperamentvoll. Die entscheidende Antriebskraft ist der Rhythmus. Beim „Mond" setzt Orff ein Orchester mit vielen Blasinstrumenten und großem Schlagwerk ein: fünf Pauken, Trommeln, Stabspiele, Becken, Schlittenschellen, Kastagnetten, Glocken, gestimmte Gläser usw. Sogar eine Donner- und Windmaschine gehört zum Instrumentarium. Am 5. Februar 1939 wird der „Mond" an der Bayerischen Staatsoper in München zum ersten Mal aufgeführt. Das Publikum ist von dieser Uraufführung begeistert. Bald darauf vertont Orff noch ein weiteres Märchenstück: „Die Kluge". Mit der Komposition der „Carmina Burana" – einem Chorwerk in lateinischer Sprache – wird er weltberühmt. Carl Orff stirbt als international bekannter Musikpädagoge und Komponist im Alter von 86 Jahren 1982 in München.

Es treten auf:

Der Erzähler	Vier Burschen, die den Mond stehlen	Ein Bauer	Ein Schultheiß (Bürgermeister)
Ein Wirt	Ein anderer Schultheiß	Leute, die in der Schänke zechen und sich den Mond stehlen lassen	Leute, die sich über den gestohlenen Mond freuen und Tote begraben
Leichen, die der Mond aufweckt	Ein alter Mann, der Petrus heißt und den Himmel in Ordnung hält	Ein kleines Kind, das	den Mond am Himmel entdeckt

Der Erzähler
   Vorzeiten gab es ein Land,
   wo die Nacht immer dunkel
   und der Himmel wie ein schwarzes Tuch
   darüber gebreitet war.

   Denn es ging dort niemals der Mond auf
   und kein Stern blinkte in der Finsternis.

   Bei der Erschaffung der Welt
   hatte das nächtliche Licht
   nicht ausgereicht.

   Aus diesem Land gingen einmal
   vier Burschen auf die Wanderschaft
   und gelangten in ein andres Reich,
   wo abends,
   wenn die Sonne hinter den Bergen
   verschwunden war,
   auf einem Eichbaum
   eine leuchtende Kugel stand,
   die weit und breit ein sanftes Licht ausgoss.
   Man konnte dabei alles wohl sehen
   und unterscheiden,
   wenn es auch nicht so glänzend
   wie die Sonne war.

Ein Eichbaum, an dem der Mond hängt. Dahinter ein Wirtshaus. Die vier Burschen treten auf. Aus dem Wirtshaus kommt der Bauer.*

Die vier Burschen
   Was ist das,
   was ist das?
   Was ist das
   für ein Licht?

Der Bauer
   Das ist der Mond!

Die vier Burschen
   Das ist der Mond!

Der Bauer
   Unser Schultheiß hat ihn für drei Taler
   gekauft und an dem Eichbaum befestigt.

Die vier Burschen
   Für drei Taler?

Der Bauer
   Für drei Taler!

Die vier Burschen
   Euer Schultheiß hat ihn für drei Taler
   gekauft und an dem Eichbaum befestigt!

Der Bauer
   Er muss täglich Öl aufgießen
   und ihn rein halten,
   dass er immer hell brennt!

Die vier Burschen
   Er muss täglich Öl aufgießen
   und ihn rein halten,
   dass er immer hell brennt!

Der Bauer
   Dafür erhält er von uns wöchentlich …

Die vier Burschen
   Wöchentlich?

Der Bauer
   Einen Taler!

Die vier Burschen
   Einen Taler!!

Die vier Burschen und der Bauer
   Das ist der Mond,
   das ist der Mond,
   das ist der Mond!!

Der Bauer geht ab; die vier Burschen betrachten den Mond.

* Die Regieanweisungen wurden für die Bilderbuchausgabe leicht gekürzt.

Erster Bursche *überlegend*
  Diese Lampe, diese Lampe, diese Lampe
  könnten wir brauchen.
  Wir haben daheim einen Eichbaum,
  der ebenso groß ist,
  daran könnten wir sie hängen!

Die vier Burschen
  Daran könnten wir sie hängen!

Dritter Bursche
  Was für eine Freude,
  wenn wir nachts nicht in der Finsternis
  herumtappen!

Die vier Burschen
  Tappen, tappen, tappen, tappen.

Vierter Bursche *geheimnisvoll*
  Wisst ihr was?
  Wisst ihr was, wisst ihr was?
  Wir wollen einen Wagen holen
  und den Mond wegführen!

Die vier Burschen
  Einen Wagen, einen Wagen
  und den Mond wegführen!
  Sie können sich hier einen andern kaufen,
  einen andern, einen andern,
  einen andern kaufen, kaufen,
  kaufen, kaufen!

Dritter Bursche
  Ich kann gut klettern,
  ich will ihn schon herunterholen!

Die vier Burschen
  Er kann gut klettern,
  er wird ihn schon herunterholen.

Die Burschen bringen Bohrer und Seil, einen Schubkarren und eine Leiter. Einer steigt auf den Baum, bohrt ein Loch in den Mond, zieht ein Seil hindurch und lässt ihn so herab. Die Burschen mit Karren und Mond ab. Die Leiter bleibt am Baum stehen.

*Die Wirtshaustüre wird aufgerissen,
der betrunkene Schultheiß torkelt heraus.
Bauern folgen ihm nach.*

Der Schultheiß *gröhlend*
„Und wann ich hamwärts geh,
scheint mir der Mond so scheh ...
und im Böhmerwald,
da pfeift der Wind so kalt ..."

Bauern
Verdammter Schultheiß,
häng den Mond heraus,
gieß Öl auf, dass er besser brennt!

Der Schultheiß
„Und im Böhmerwald,
da pfeift der Wind so kalt ..."

Bauern
Verdammter Schultheiß,
du versoffenes Schwein,
der Mond gibt heute keinen Schein!

Der Schultheiß
Der Mond, ich merk's, er brennt so trüb,
dass man die Hand nicht vor dem Auge sieht.

Bauern
Steig auf den Baum,
verdammter Schultheiß!
Putz den Mond,
putz den Mond,
putz den Mond!
Glaubst du, wir wollen hier verrecken?!

Der Schultheiß
Erst lasst mich die Latern anzünden,
sonst kann ich diesen Mond nicht finden.

*Er zündet seine kleine Handlaterne an, steigt auf
die Leiter und leuchtet den Ast ab, an dem die
Mondscheibe hing.*

Der Schultheiß
  Der Mond ist fort,
  der Ast ist leer,
  drum ist's so dunkel ringsumher!

Der Schultheiß fällt von der Leiter, die Bauern schreien entsetzt auf.

Bauern
  Der Mond ist fort,
  der Mond ist fort,
  wer hat ihn denn gestohlen?
  Der Mond ist fort,
  der Mond ist fort,
  wer wird ihn wieder holen?
  Der Mond ist fort,
  der Ast ist leer,
  wir finden unsern Weg nicht mehr!

Kinder
  Ist ein böser Dieb gekommen,
  hat das Licht hinweggenommen;
  hat's wohl hinterm Berg vergraben,
  wollen alle Leute fragen.

Alle
  Wullehu – wullehu –
  Finsternis deckt alles zu.

Männer
  Verdammter Schultheiß,
  bring uns den Mond her!

Alle
  Wullehu – wullehu –
  Finsternis deckt alles zu!

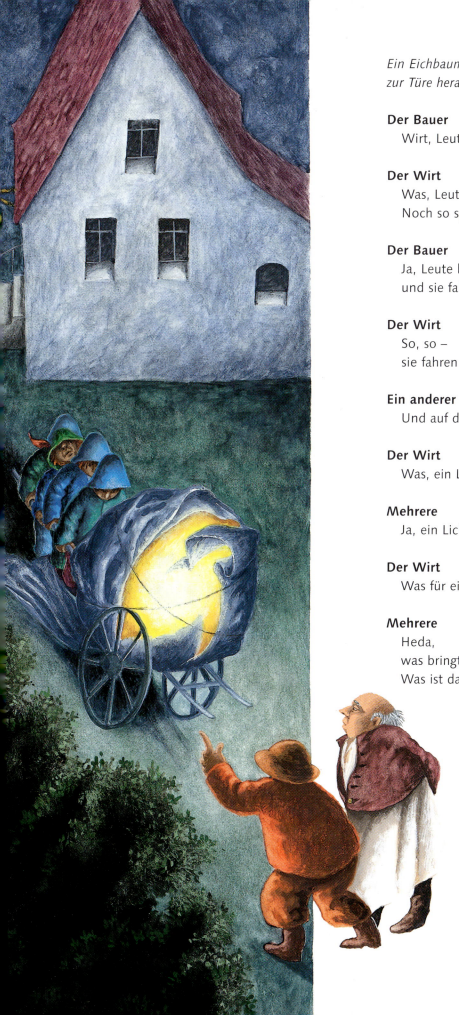

Ein Eichbaum, dahinter ein Wirtshaus. Ein Bauer tritt zur Türe heraus, ihm folgt der dicke Wirt.

Der Bauer
  Wirt, Leute kommen!

Der Wirt
  Was, Leute?
  Noch so spät zur Nacht?

Der Bauer
  Ja, Leute kommen
  und sie fahren einen Wagen.

Der Wirt
  So, so –
  sie fahren mit dem Wagen?

Ein anderer
  Und auf dem Wagen fahren sie ein Licht!

Der Wirt
  Was, ein Licht?

Mehrere
  Ja, ein Licht!

Der Wirt
  Was für ein Licht?

Mehrere
  Heda,
  was bringt ihr da?
  Was ist das für ein Licht?

Die vier Burschen treten mit dem Karren auf.

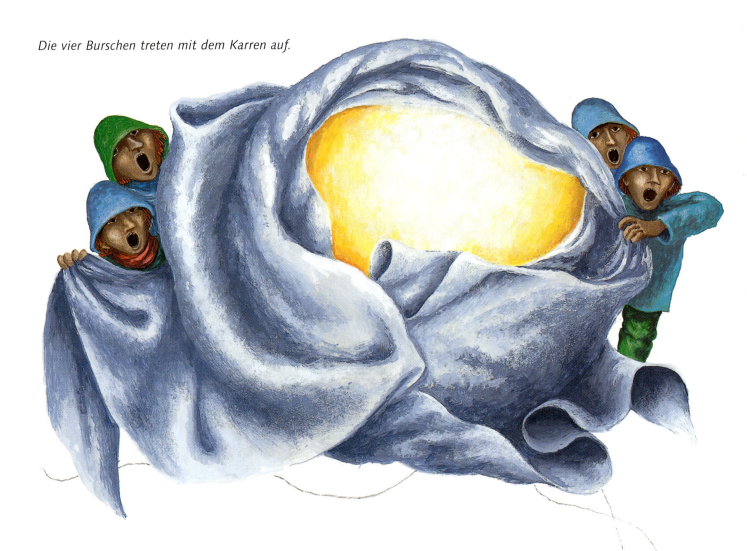

Erster Bursche
   Das ist der Mond!

Alle
   Was ist das?
   Wie heißt man dieses seltsame Licht?

Erster Bursche
   Das ist der Mond!

Alle
   Das ist der Mond,
   das ist der Mond,
   das ist der Mond!

Erster Bursche
   Den haben wir für euch
   für drei Taler gekauft!

Alle
   Für drei Taler!

Erster Bursche
   An dem Eichbaum soll er hängen,
   an dem großen dicken Ast.

Alle
   Für drei Taler, für drei Taler, für d r e i Taler!

Wirt
   Wozu dienet, wozu dienet,
   wozu dienet uns der Mond?

Alle Männer
   Wozu dienet, wozu dienet,
   wozu dienet uns der Mond?

Alle Weiber
   Für drei Taler, für drei Taler, für drei Taler?

Alle
   Wozu dienet, wozu dienet,
   wozu dienet uns der Mond?

Erster Bursche
Wenn ihr nachts aus der Taberne
torkelnd und besoffen kommt,
euch der kleinen Handlaterne
schwacher Schimmer wenig frommt.

Hin und her
schwanket er
wie ihr selber
hinterher.

Doch der Mond auf hohem Baume
über Straße, Fluss und Steg
leuchtet hell im weiten Raume
und ihr findet so den Weg.

Dazu dienet,
dazu dienet,
dazu dienet
euch der Mond!

Die vier Burschen
Dazu dienet,
dazu dienet,
dazu dienet
euch der Mond!

Zweiter Bursche
Wenn ihr dann in weichen Betten
euren Rausch verschlafen geht,
nützt kein Wächter, Schloss noch Ketten,
wenn der Dieb sein Werk versteht.

Hin und her
schleichet er,
denn das Dunkel
schützt ihn sehr.

Doch der Mond auf hohem Baume
über Straße, Fluss und Steg
leuchtet hell im weiten Raume
und verrät so seinen Weg.

Dazu dienet,
dazu dienet,
dazu dienet
euch der Mond!

Die vier Burschen
Dazu dienet,
dazu dienet,
dazu dienet
euch der Mond!

Dritter Bursche

Wenn der Hans sich zu der Grete
nachts im dunklen Garten schleicht,
macht er nicht erst viel Gerede,
weil man damit nichts erreicht.

Hin und her
wandelt er
mit der Grete
längst nicht mehr.

Hat sie in den Busch gezogen
und belogen und betrogen,
schwört er ihr beim Mondenscheine,
was die Grete glaubt alleine.

Dazu dienet,
dazu dienet,
dazu dienet
dann der Mond!

Die vier Burschen

Dazu dienet,
dazu dienet,
dazu dienet
dann der Mond!

Alle

Dazu dienet,
dazu dienet,
dazu dienet
dann der Mond!

Die vier Burschen
　Doch wir müssen täglich Öl aufgießen
　und ihn rein halten,
　dass er immer hell brennt.

Alle
　Täglich sollt ihr Öl aufgießen
　und ihn rein halten,
　dass er immer hell brennt.

Erster Bursche
　Dafür bekommt ein jeder von uns
　wöchentlich ...

Alle
　Wöchentlich?

Erster Bursche
　Einen Taler!

Dritter Bursche
　Einen Taler!

Zweiter Bursche
　Einen Taler!

Vierter Bursche
　Einen Taler!

Alle
　Einen Taler!

Der Wirt
　Dazu dienet,
　dazu dienet,
　dazu dienet
　e u c h der Mond!

Die vier Burschen
　Dazu dienet,
　dazu dienet,
　dazu dienet
　uns der Mond!

Alle
　Dazu dienet,
　dazu dienet,
　dazu dienet
　e u c h der Mond!

Der Wirt
　So hängt ihn auf,
　bringt eine Leiter,
　zieht ihn hoch!

Man bringt Leiter und Seil, um den Mond auf der Eiche aufzuhängen. Die Mondscheibe wird langsam auf den Baum gezogen.

Alle
　Seht den Mond,
　seht den Mond,
　seht den Mond,
　unsern Mond!

Stimmen *von fern her*
　Verdammter Schultheiß!
　Verdammter Schultheiß!

Alle
　Seht den Mond,
　seht den Mond,
　seht den Mond,
　unsern Mond!

Alle tanzen um die Eiche.

Der Erzähler
 Und sie brachten den Geraubten
 glücklich in ihr Land
 und hängten den Mond
 auf eine hohe Eiche.

 Alte und Junge freuten sich,
 als die neue Lampe ihr Licht
 über alle Felder leuchten ließ
 und Stuben und Kammern
 damit erfüllte.

Zeit vergeht.

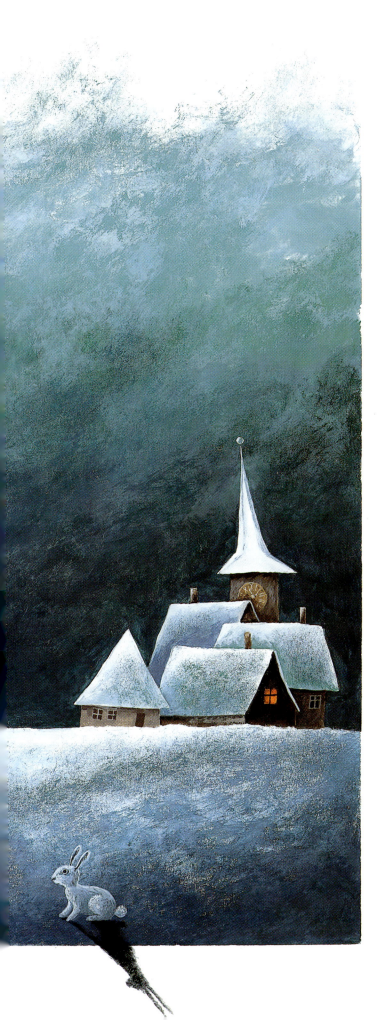

Der Erzähler

Die vier versorgten den Mond mit Öl,
putzten den Docht
und erhielten dafür wöchentlich
einen Taler.

Aber sie wurden alte Greise
und als der eine erkrankte
und seinen Tod voraussah,
verordnete er,
dass der vierte Teil des Mondes
als sein Eigentum
ihm mit in das Grab gegeben werden sollte.

Erster Bursche

Lieg ich hier an dieser Schwelle,
zwischen Leben und dem Tod,
zwischen Dunkelheit und Helle,
tun nicht viele Worte Not.

Alles, was ich je gehabt,
ist verlebt und ist vertrunken
und im Meer der Gestrigkeit
ganz und gar versunken.

Nur die Lampe auf der Eiche,
die ich lebenslang gepflegt,
sei zu meiner armen Leiche
mir in meinen Sarg gelegt.

Denn sie ist mein einzig Eigen,
das ich nicht versoffen hab,
muss ich in die Grube steigen,
gebt mir meinen Teil ins Grab.

Chor der Leute

Ja, wir versprechen's dir.

Erster Bursche

Wenn ich gestorben bin – – – –

Chor

Ja, wir versprechen's dir.

Erster Bursche

dann soll der Schultheiß
mit einer langen Leiter
auf den Eichbaum steigen – – –

Chor

    Ja, wir versprechen's.

Erster Bursche

    und mit der großen Heckenschere
    ein Viertel von dem Mond abschneiden. – –
    sinkt tot zurück

Die Sterbeglocke läutet.

Der Wirt

    Schultheiß, steig auf den Baum
    und hol dem Toten seinen Mond herunter!

Es wird eine Leiter gebracht. Der Schultheiß steigt mit der großen Heckenschere auf den Baum und schneidet ein Viertel von der Mondscheibe ab. In der Stille hört man die Blechschere kreischen. – Der Mond wird blutrot. – Auf der Leiter stehend zeigt der Schultheiß das abgeschnittene Viertel dem Volk, das bei dem Anblick entsetzt aufschreit. Dann steigt er langsam herab und legt das Mondviertel dem Toten auf die Bahre. Der Mond auf der Eiche leuchtet matt und traurig.

Chor

    Alle, die wir ringsum stehn,
    alle können wir ihn sehn,
    nur er selber sieht uns nicht,
    weil sein Aug im Tode bricht.

    Wenn das Leben uns entschwindet,
    fängt der Tod von selber an.
    Jeder einmal drein sich findet,
    weil er es nicht ändern kann.

    Wie der Wein durch unsre Kehle,
    rinnt die Zeit uns durchs Gebein.
    Was ein jeder auch erwähle,
    einmal graben wir ihn ein.

Der Erzähler

Und als der „Erste" gestorben war,
stieg der Schultheiß auf den Baum
und schnitt mit der Heckenschere
ein Viertel von dem Mond ab,
das in den Sarg gelegt ward.
Und das Licht des Mondes nahm ab,
aber noch nicht merklich.

Und als der „Zweite" starb,
stieg der Schultheiß wiederum auf den Baum
und schnitt mit der Heckenschere
ein Viertel von dem Mond ab
und das Licht minderte sich.

Noch schwächer ward es
beim Tode des „Dritten",
der gleichfalls seinen Teil mitnahm.

Und als der „Vierte" ins Grab kam,
trat die alte Finsternis wieder ein.
Und wenn die Leute abends
ohne Laterne ausgingen,
stießen sie mit ihren Köpfen zusammen.

Im Gruftgewölbe der Toten sind die vier Truhen mit den Burschen aufgestellt. Einer nach dem andern erwacht und entsteigt seinem Sarg. Sie finden und erkennen sich, freuen sich, dass jeder seinen Mondteil mitgebracht hat. Sie leimen die Teile zusammen und leuchten die Umgebung ab. – Nachdem die Burschen die Mondlampe an einem geeigneten Platz an der Decke des Gewölbes aufgehängt haben, bringt einer eine Kanne und gießt neues Öl auf. Der Mond flammt hell in gespenstisch grünem Licht auf. Die Vier verstecken sich hinter den Särgen, in Erwartung dessen, was nun kommen wird.

Der Erzähler
Und als der Mond dort leuchtete,
wo immer Dunkelheit geherrscht hatte,
wurden die Toten unruhig
und sie erwachten aus ihrem Schlaf.

Die Toten
Was ist das?
Was ist das?
Was ist das für ein Licht?

Alle starren wie geblendet in den Mond.

Die vier Burschen *springen aus ihrem Versteck hervor*
Das ist der Mond,
den haben wir hierher gebracht,
dass er vertreib die grausig lange Nacht.
Sein Licht,
das ließ uns selber gar nicht ruhn,
drum stiegen wir aus unsern engen Truhn
und haben ihn da aufgehängt.
Es freut uns, dass es euch so drängt
in diese Helle, die er schafft.
Das ist der Mond und seine Kraft! –

Erster Bursche
Doch,
dass er da nicht ganz alleine
traurig häng bei seinem Scheine,
wollen wir uns jetzt gaudieren
und unbändig amüsieren.
Dahin gehet unser Plan,
liebe Leichen, hört uns an!

Die vier Burschen
Wir wollen nimmer in den Särgen liegen,
wir wollen wieder uns vergnügen,
wir wollen saufen, huren, zechen
und wenn's möglich, eine Ehe brechen.

Und dies treiben bis am End
auch das Mondlicht nimmer brennt.
Dann ist sicher noch viel Zeit,
schlafen wir bis zur Ewigkeit.

Heute heißt es: Auferstehn!
Lasst uns in das Wirtshaus gehn,
kommt und füllt euch eure modrigen Gedärme!
Wein her, dass er uns erwärme!

Färbt die Backen mit dem Rötel,
kämmt euch euren kahlen Schädel,
rührt die morschen Knochen wieder,
drückt der Arm, dann kracht das Mieder.

Aus ist's mit der Schlaferei,
diese Zeiten sind vorbei,
in ein Freudenarsenal
wandeln wir das Grablokal.

Die Toten
    Färbt die Backen mit dem Rötel,
    kämmt euch euren kahlen Schädel,
    rührt die morschen Knochen wieder,
    drückt der Arm, dann kracht das Mieder!

    Aus ist's mit der Schlaferei,
    diese Zeiten sind vorbei.
    In ein Freudenarsenal
    wandeln wir das Grablokal.

Einige *eine Trommel herbeischleppend*
    Eine Trommel ohne Loch
    geht zum Würfeln immer noch!

Andere *mit Karten und Kegeln*
    Kartenspiel und Kegelscheiben
    sollen uns die Zeit vertreiben!

Wieder andere *mit Humpen und Krügen*
    Saufen, saufen, nichts als saufen
    und dafür den Sarg verkaufen!

Die vier Burschen
    Jeder treib, was er getrieben,
    und er treib's ganz nach Belieben;
    war's auf Erden manchmal schwer,
    hier stört uns nun gar nichts mehr.

Die Toten *mit großem Tumult*
    Jeder treib, was er getrieben,
    und er treib's ganz nach Belieben;
    war's auf Erden manchmal schwer,
    hier stört uns nun gar nichts mehr!

Alle verteilen sich in Gruppen: Die einen würfeln auf der Trommel, andere spielen auf umgestürzten Särgen Karten, unterm Mond die Säufer, im Hintergrund die Kegelspieler.

Die Kartenspieler

Erster
Du spielst, als lägst du noch im Grab,
wo ich doch jetzt die Vorhand hab.

Zweiter
Dein Spiel ist futsch, das Geld ist mein.

Erster
Das sieht dir gleich, du altes Schwein!

Dritter
Der Hund beißt nicht, der so viel bellt!

Erster
Lass mich in Ruh!

Dritter
Ach schad, ich hab grad so viel Geld.

Erster
Geld hast du? Dann spiel mit,
ich zieh dir's raus!

Dritter
Dazu gehören zwei,
probier's mal aus!

Die Würfler

Erster
  Mach nur nicht deine Finger krumm,
  ich schau dir drauf, bin nit so dumm.

Zweiter würfelt.

Dritter
  Zu wenig Punkte!

Zweiter
  Nein, es reicht!

Erster
  Sei ferner dir die Erde leicht!

Dritter *singt*
  „Des Spielens ich kein Glück nit han,
  der Unfall tut mir zoren."

Die Kartenspieler

Erster
  Hab ein gut Spiel in Händen schon,
  ich geb noch nichts verloren.

Zweiter
  Gestochen!!

Dritter
  Der wird eingesackt!!

Erster *wütend*
  Du kennst gemalt nicht von gekackt!

Die Kegler

Erster *zum Zweiten*
   Spuck auf die Kugel!

Zweiter schiebt.

Erster
   Alle neune!

Alle schreien
   Alle neune!!!

Die Säufer

Erster *holt sich ein Mädchen auf den Schoß, singt*
   „Ach, wär ich nur mit dir alleine!"

Zweiter
   Tu deine Finger weg von meiner Braut!

Dritter
   Der hat sich wieder mal verschaut!

Vierter
   Der treibt's wie immer und wie eh!

Dritter
   „Floret silva undique!"

Chor der Säufer
   Nach meinem Liebsten ist mir wê,*
   der ist geritten wol von hinnen,
   o wê,
   o wê,
   o wê!
   Ich muss vor Liebe noch verbrinnen!
   Floret silva undique,
   nach meinem Liebsten ist mir wê,
   der liegt schon längst im Grabe drinnen,
   o wê,
   o wê,
   o wê!
   Ich muss vor Liebe noch verbrinnen!

*altdeutsche Form von „weh"

Ein Bursche *der eine Mädchenstimme nachahmt*
und Chor
> Mein Schatz wollt mir ein' Taler gebn,
> ich sollt mit ihm zu Bette gehn.
> Adjes, Herr Schatz,
> adjes,
> das ist nicht fein,
> b'halt deinen Taler
> und schlaf allein.

Ein Bursche
> Ein Taler ist ein Haufen Geld,
> drum kauf ich mir die halbe Welt.

Bursche und Chor
> Adjes, mein Schatz,
> adjes,
> nimm mir's nit krumm,
> ein ander Mädel
> ist nit so dumm!

Die vier Burschen
> Jeder treib, was er getrieben,
> und er treib's ganz nach Belieben,
> war's auf Erden manchmal schwer,
> hier stört uns nun gar nichts ...

Die Toten
> Jeder treib, was er getrieben,
> und er treib's ganz nach Belieben,
> war's auf Erden manchmal schwer,
> hier stört uns nun gar nichts ...

Ein Spieler *schlägt auf einen Tisch und schreit*
> Ein jeder ist ein Ehrenmann,
> wenn er nicht grad bescheißen kann!

Alle
> Oje, oje, oje!

Chor
> ... gar nichts mehr.

Die vier Burschen
> ... gar nichts mehr.

Spieler

Erster *schlägt wütend mit der Faust auf den Tisch*
　Betrug,

Zweiter
　Betrug!

Dritter
　Nun ist's genug!

Die Säufer
　Beim Saufen werdet ihr erst klug!

Andere Spieler

Erster
　Blei im Knöchel!

Zweiter
　Sieben Assen!

Dritter
　Das könnte diesem Schuft so passen!

Die Säufer
　Hört doch auf mit eurem Streit,
　wenn ihr schon ganz besoffen seid!

Petrus schiebt, von dem Treiben der Toten aufgestört, die Wolken am Himmel auseinander.

Petrus
　Was ist da los?
　Was soll das sein?
　Woher dringt dieses wilde Schrein,
　woher dringt dieses wilde Toben?
　Die Wolken sind so vorgeschoben
　und wehren mir die ganze Sicht,
　doch auf der Erde brennt kein Licht!

　Nun ist es still, allüberall,
　kein Schall und auch der Widerhall,
　der letzte, hat sich ganz verloren,
　war's nur ein Trug in meinen Ohren?

Einige *packen einen ertappten Falschspieler am Kragen*
    Werft ihn hinaus,
    nehmt ihm das Geld weg!
    Schlagt ihn tot,
    schlagt ihn tot,
    schlagt ihn tot!

Einer
    Das geht doch nimmer! Sackerlot!

Es beginnt eine Rauferei.

Die Weiber
    So denkt doch nur an Weib und Kind!

Die Männer
    Weil die uns stets im Wege sind!

Chor
    Alles ist so wie im Leben,
    keinem wird Pardon gegeben,
    jeder spielt sein falsches Spiel,
    keiner kommt damit zum Ziel!
    Weil die Schaukel dieser Welt
    nimmermehr die Waage hält.
    Fährt der eine darauf nieder,
    hebt es schon den andern wieder
    und der Preller wird geprellt
    und verliert sein Gut und Geld.

    Drum, solang die Kräfte reichen,
    lasse nimmer dich erweichen!
    Pack den andern fest am Kragen,
    tritt ihm tüchtig in den Magen,
    haust du ihn nicht selber nieder,
    klappern dir die Augenlider.
    Schlagt zu, schlagt zu,
    schlagt sie zusammen!

Ein Raufer
    Nun geht es los!

Ein anderer Raufer
    Da soll mich der und der verdammen.

Erster Bursche
    Beim Mond,
    wenn euch der Mond noch lieb ist,
    gebt jetzt Ruh!

Ein anderer Raufer
    Haut denen doch die freche Fresse zu!!

Die vier Burschen
    Ihr Hunde, Schufte, Höllendreck!
    Wir nehmen euch die Lampe weg!

Wüstes Geraufe, Riesenlärm. Alle gehen mit Kegel und Sargdeckel und allem, was nicht niet- und nagelfest ist, aufeinander los.

Chor
    Alles ist so wie im Leben,
    keinem wird Pardon gegeben,
    jeder spielt ein falsches Spiel,
    keiner kommt damit zum Ziel.

Die vier Burschen stürzen zum Mond und blasen ihn aus. – Aufschrei der Toten. – Es ist stockfinster.

Chor in den Wolken
    Oho! Oho! Oho! Ho, ho, ho ...

Petrus
    Oho! Das tönt ja aus der Erden Bauch herauf.
    Die Toten sind's, die Toten stehen auf –
    und machen Krieg und Rebellion,
    euch sing ich einen andern Ton!

Die Toten *im Dunkel lärmend*
    Zünd't den Mond an!
    Zünd't den Mond an!
    Zünd't den Mond an!

Erster Bursche
Das ist der Mond!

Dritter Bursche
Kennst du ihn nicht?

Zweiter Bursche
Den haben uns die Menschen aufgedrängt.

Vierter Bursche
Nun haben wir ihn bei uns aufgehängt.

Petrus
So, so,
die Lampe da,
das ist der Mond
und ihr, ans Helle nicht gewohnt,
seid nun gestört in eurer Ruh,
drum geht es bei euch wirklich lustig zu.
Da kann man sich ja ganz behaglich fühlen. –
Wer wollte da nicht mittun
bei dem Zechen und dem Spielen?

Die Toten sitzen noch immer starr da.

Was ist denn los?
Lasst euch die Laune
nur nicht gleich verderben!
Ihr sitzt ja da wie umgefallne Scherben
und machtet eben noch so groß Geschrei!
Was ist denn weiter schon dabei;
glaubt mir, glaubt einem alten Mann:
Man soll sich's gut gehn lassen –
wenn man kann.

Die Toten *ganz leise*
Seltsam,
wunderbar ist das,
Petrus, der versteht den Spaß.

Petrus
Kommt, wir wollen alle trinken,
bis wir hinten übersinken!

Die Toten stehen auf und richten eine Art Schänke ein; einige drehen einen Fidibus*, den sie am Mond entzünden, andere holen Holz und brennen ein Kaminfeuer an.

* Papierstreifen als Anzünder

Die Burschen zünden den Mond wieder an. Von weit hinten kommt Petrus durchs Gewölbe geschritten.

Petrus *lachend*
Was ist denn das?
Was ist das für ein Licht?

Die vier Burschen *leise*
Lasst die Karten da verschwinden,
bringt das falsche Spiel nach hinten;
keiner mach mehr Krach im Haus,
schief geht sonst die Sache aus.

Die Toten
Lasst die Karten da verschwinden,
bringt das falsche Spiel nach hinten;
keiner mach mehr Krach im Haus,
schief geht sonst die Sache aus.
Zündet schnell ein Feuer an,
dass man sich erwärmen kann.
Rollet neue Fässer her!

Die vier Burschen
Petrus trinkt doch sicher mehr
als wir alle hier zusammen.

Die Toten
Neue Scheiter in die Flammen!
Neue Tisch und neue Bänke,
nichts soll fehlen in der Schänke.
Und ins Eck an den Kamin
rückt den alten Lehnstuhl hin.

Die vier Burschen
Macht Musik und spielet auf,
Polka und den Zwiefach drauf;
Trommel, Bass und die Posaune
schaffen erst die richt'ge Laune.

Die Toten
Putzt den Docht im guten Mond!

Dritter Bursche *frech vertraulich*
Petrus, hat es sich gelohnt,

Zweiter Bursche
dass du kamst in unsere Klause,

Erster Bursche
fühlst du dich nicht wie zu Hause?

Vierter Bursche
Lasst das hülzern G'lachter* schwirrn,
's treibt die Würmer aus dem Hirn!!

* Xylofon

Petrus
　Der Wein ist gut,
　der Mond scheint hell,
　ich geh nicht wieder von der Stell.
　Seit langem war ich nicht so froh;
　hier bleib ich, hier gefällt mir's so!

　Der Mond scheint hell,
　der Wein ist gut,
　der geht wie Feuer mir ins Blut.
　Ich fühl mich hier so ganz zu Haus,
　zög gern noch meine Stiefel aus.

Die Toten
　Schenkt ein, schenkt ein!
　Schenkt alle ein!
　Ganz wie im Leben soll es sein,
　bis auch das Mondlicht nimmer brennt,
　dann hat der ganze Spaß ein End.

*Alle haben sich um Petrus gelagert,
zechen und hören ihm zu.*

Petrus
　Wie kalt ist's draußen in der Welt,
　wenn Regen, Schnee und dichter Hagel fällt,
　der Sturmwind wild die Wolken hetzt,
　da ist man allem ausgesetzt,
　was Unbill ist und was Beschwer.
　Hier spürt man davon gar nichts mehr.

　Doch so ist's mal auf dieser Welt;
　ein jeder ist wo hingestellt,
　ein jeder hat so seinen Platz.

Petrus *sich einschenken lassend und immer wieder die
andern zum Trinken auffordernd*
　Noch einen Schluck,
　noch einen Schluck,
　noch einen Schluck,
　mein schöner Schatz!
　– – –
　und diesen Platz
　muss er ausfüllen,
　– ob er's gern tut –
　Noch einen Schluck,
　noch einen Schluck,
　– ob er's gern tut –
　Noch einen Schluck,
　noch einen Schluck,
　– ob wider Willen –

*Ein magischer Zauber geht von Petrus aus.
Die Toten sind vom vielen Trinken schlafmüde
geworden.*

Petrus *in Gedanken versunken*
　Sitz ich da am hohen Himmel,
　unter mir das Weltgewimmel,
　über mir das Sternendach,
　denk ich über manches nach.
　Und ich seh dann wie im Traume
　hinterm letzten Wolkenbaume,
　wie das Weltenrad sich dreht,
　alles kommt und alles geht.

　Seh dann, wie die Sterne steigen,
　hoch sich heben, wölben, neigen,
　wie die Tage und die Zeiten
　ihren ew'gen Kreis abschreiten.

　Und dass alles seine Ordnung hat,
　wandl ich durch die weite Himmelsstadt
　wie der Wächter durch die Nacht.
　Blick oft durch den Wolkenschacht
　auf die Erde tief hinunter,
　wie die Menschen sich mitunter
　lieben, hassen und erschlagen,
　sich belügen und vertragen.

　Seltsam ist das ganze Leben,
　denn das meiste geht daneben
　von der ganzen Fantasei –
　doch ihr wart ja selbst dabei.

Die Toten *schlafmüde, wie in Erinnerung versunken*
　Ja, ja,
　wir waren alle selbst dabei.

Die Toten
　Wir waren
　alle, alle, alle, alle
　selbst dabei. –
　Ja, ja!

Petrus *schraubt das Licht der Mondlampe kleiner und singt die Toten in Schlaf*

    Soll ich sagen
    von den Plagen
    und den gut' und bösen Tagen,
    von der Welt, die ihr verlassen,
    von den winkeligen Gassen,
    von den Menschen, die noch warten
    in dem kleinen Erdengarten,
    bis sie zu euch niedersteigen,
    um mit euch sich auszuschweigen!

    Ihr seid schläfrig,
    legt euch nieder,
    ach, ihr wollt doch nicht schon wieder
    aus dem Dunkel, aus der Ruh,
    warme Erde deckt euch zu. –

    Hört ihr jetzt das Ticken, Tacken
    und das leise Räderknacken,
    hört ihr, wie das Weltrad geht,
    bis es einmal stille steht.

Er bläst sein Horn.

Hoch aufgerichtet, den Mond wie eine Laterne in der Hand haltend

    Hört, ihr Toten,
    lasst euch sagen,
    längst hat eure Stund geschlagen,
    wer noch lebt, den freut das Licht,
    doch für Tote gibt's das nicht.
    Eja, wollt ihr euch nicht legen?
    Könnt kaum noch ein Glied bewegen.

Die Toten erheben sich, räumen alles auf und kriechen, als letzte die vier Burschen, wieder in ihre Särge.

    Räumt das Spielzeug in den Kasten;
    müsst euch schon ganz mühsam tasten,
    dass ihr noch die Särge findet,
    wo der Schlaf euch überwindet.

Petrus hat das Licht der Mondlampe weiter herabgeschraubt, dass sie nur mehr wenig leuchtet.

Petrus

    Hört, ihr Toten,
    lasst euch sagen,
    keine Glocke wird mehr schlagen;
    nichts von Freuden, nichts von Strafen,
    ihr sollt schlafen, nichts als schlafen,
    schlafen,
    schlafen,
    schlafen …

Die Toten sind wieder in ihre Gräber gekrochen. Petrus verbirgt den Mond unter seinem Mantel und verschwindet in der Finsternis.

Der Erzähler

    So brachte Petrus die Toten zur Ruh,
    hieß sie, sich wieder in ihre Gräber legen …

    und nahm den Mond mit fort,
    den er oben am Himmel aufhing.

Ein kleines Kind im Nachthemd kommt aus einem Hause und entdeckt den Mond.

Das Kind

    Ah, da hängt ja der Mond!